1年中使えてカンタン便利！

小学校 学級経営
いろいろテンプレート

イクタケ マコト 著

DVD-ROM付

カラー・モノクロ
両収録！
Windows対応

学陽書房

この本の使い方

小学校の先生が使いやすいテンプレート集です。
そのままコピーしたり、付属のDVD-ROMを使用したりして、ご活用ください。
DVD-ROMデータについては、P.89の「DVD-ROMを使用する前に」をご覧ください。

テンプレート

「時間割」や「座席表」「賞状」「ポスター」などといった学級経営に欠かせないテンプレートを収録しています。学校生活や学校行事、各教科の授業で活用してください。

素材

日々のおたよりやプリントなどに活用できる「見出し」や「飾り罫線」「オリジナルフォント」などを収録しています。また、各章のとびらのイラストも付属のDVD-ROMに収録されています。学校行事や研究会のしおりの表紙などにご活用ください。

■ ファイル形式について

本書に掲載しているテンプレートや素材はPNGデータ（.png形式）で収録されています。また、A章とB章の一部にはWordデータ（.doc形式）も収録されています（右ページ参照）。Wordデータは文字の入力ができますので、ご活用ください。

■ カラーについて

付属DVD-ROM内のPNGデータには、すべてカラー版とモノクロ版があります。カラー版はファイル名の末尾に「c」が、モノクロ版はファイル名の末尾に「m」が付いています。また、Wordデータにもカラー版とモノクロ版があります（ファイル名の末尾はカラー版が「wc」、モノクロ版が「wm」です）。

この本の見方

章・項目名
章とその項目の名前を記載しています。

フォルダの場所
このページに掲載しているテンプレートまたは素材が付属DVD-ROM内のどのフォルダに収録されているかを示しています。

ファイル名
このナンバーが付属DVD-ROMに入っているファイル名です。

Wordデータ表示
Wordデータがある場合、収録されていることを示しています。

この本の使い方 ……………… 2
DVD-ROMを使用する前に ……… 89
DVD-ROMの開き方 …………… 92
データの活用法 ……………… 94

A 学級開き …………… 5

1. 時間割 …………………… 6
2. 生活目標 ………………… 9
3. めあて …………………… 10
4. 座席表 …………………… 12
5. 給食当番表 ……………… 14
6. 掃除当番表 ……………… 15
7. 日直 ……………………… 16
8. 朝の会・帰りの会 ……… 17
9. かかり活動 ……………… 18
10. マナーポスター ………… 20
11. カレンダー ……………… 22

B 賞状・配付物 ……… 27

1. メダル …………………… 28
2. 賞状 ……………………… 30
3. 保護者向けおたより …… 34
4. 休んだ子への連絡カード … 36

C 学級活動 …………… 39

1. ネームカード …………… 40
2. 自己紹介カード ………… 44
3. ほめるカード …………… 46
4. チェックカード ………… 48
5. メッセージカード ……… 50
6. 便箋 ……………………… 54
7. 誕生日カード …………… 58

D 学習カード ………… 59

1. 読書カード ……………… 60
2. 音読カード ……………… 62
3. 九九カード ……………… 64
4. 発表カード ……………… 65
5. 観察カード ……………… 68
6. なわとびカード ………… 70
7. プールカード …………… 71
8. 英語の誕生日カード …… 72
9. 休み中のがんばりカード … 74
10. 遠足のしおり …………… 76

E 素材 …………………… 77

1. 見出し① 学年 ………… 78
2. 見出し② 月 …………… 80
3. 見出し③ 教科 ………… 82
4. 見出し④ 行事 ………… 84
5. 飾り囲み ………………… 85
6. 飾り罫線 ………………… 86
7. オリジナルフォント …… 88

学級開き

THE BEGINNING OF CLASS

A 学級開き
THE BEGINNING OF CLASS

1 時間割

時間割①　▶▶ a-1-1

ひらがなタイプは低学年で！

時間割②　▶▶ a-1-2

時間割③ ▶▶ a-1-3

漢字タイプは
高学年で！

時間割④ ▶▶ a-1-4

学級開き

① 時間割

データについて

＊6〜8ページの a-1-1 〜 a-1-5 は Word 形式も収録しているので、文字が入力できます（お持ちのフォントをご使用ください）。もちろんそのままプリントアウトして手書きで記入しても OK です。

時間割

年　組　名前

	月	火	水	木	金	土
1						
2						
3						
4						
5						
6						

時間割⑤　▶ a-1-5

2 生活目標

学級開き
THE BEGINNING OF CLASS

生活目標① ▶▶ a-2-1

生活目標② ▶▶ a-2-2

生活目標③ ▶▶ a-2-3

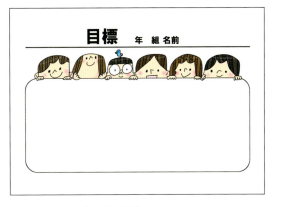

生活目標④ ▶▶ a-2-4

3 めあて

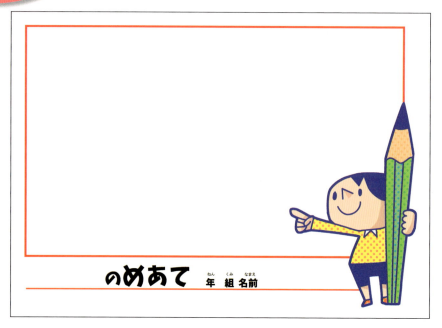

めあて① ▶▶ a-3-1

めあて② ▶▶ a-3-2

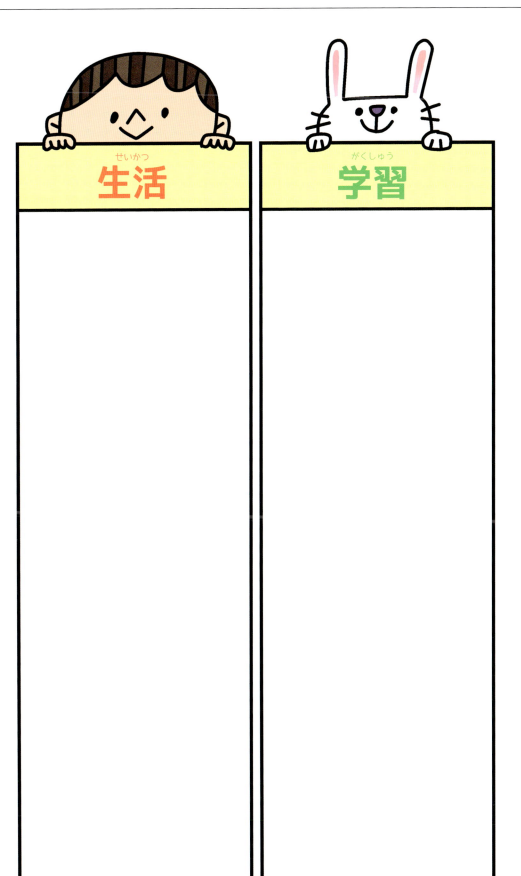

A 学級開き
THE BEGINNING OF CLASS

❹ 座席表

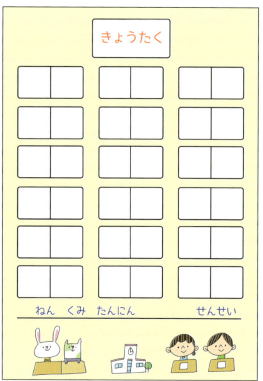

座席表① ▶▶ a-4-1

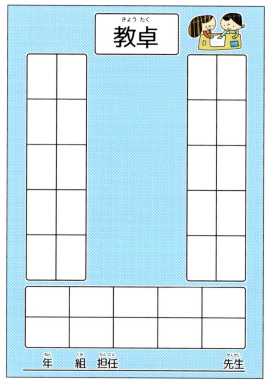

学級会用

座席表② ▶▶ a-4-2

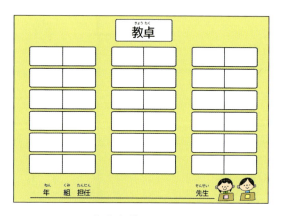

座席表③ ▶▶ a-4-3

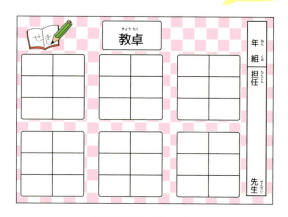

特別教室用

座席表④ ▶▶ a-4-4

データについて

＊ 12 〜 13 ページの a-4-1 〜 a-4-5 は Word 形式も収録しているので、文字が入力できます（お持ちのフォントをご使用ください）。もちろんそのままプリントアウトして手書きで記入しても OK です。

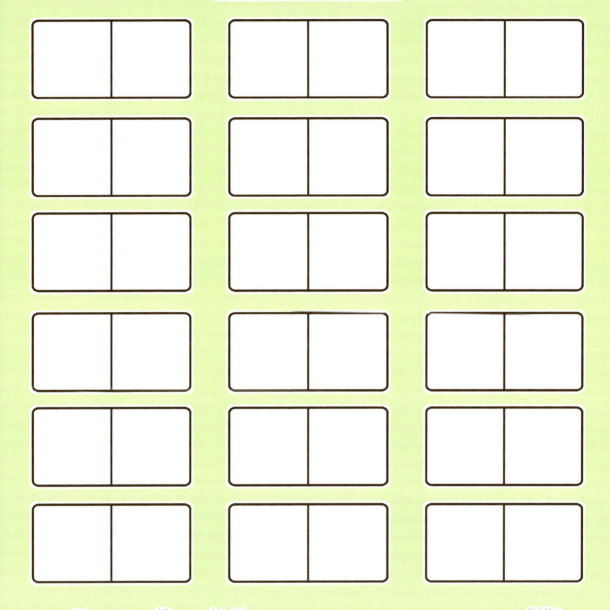

年　　　組　担任　　　　　　　　　　先生

学級開き
THE BEGINNING OF CLASS

⑤ 給食当番表

6班用

8班用

給食当番表①　▶▶ a-5-1

給食当番表②　▶▶ a-5-2

DVD-ROMにはこのようなデータが入っています

台紙　　　数字の円盤

a-5-1-台紙　　a-5-1-円盤

円盤を切り抜いて、台紙の上に画びょうでとめて使用します。
※円盤が回るように、画びょうのとめ方を調整してください。

台紙には無地タイプもあります！

給食当番表③　▶▶ a-5-3

データについて

＊ a-5-1-台紙、a-5-2-台紙、a-5-3 は Word 形式も収録しているので、文字が入力できます（お持ちのフォントをご使用ください）。もちろんそのままプリントアウトして手書きで記入しても OK です。

6 掃除当番表

学級開き
THE BEGINNING OF CLASS

6班用

8班用

掃除当番表① ▶▶ a-6-1

掃除当番表② ▶▶ a-6-2

DVD-ROMにはこのようなデータが入っています

台紙　　数字の円盤

a-6-2-台紙　　a-6-2-円盤

円盤を切り抜いて、台紙の上に画びょうでとめて使用します。
※円盤が回るように、画びょうのとめ方を調整してください。

台紙には無地タイプもあります！

掃除当番表③ ▶▶ a-6-3

データについて

＊ a-6-1-台紙、a-6-2-台紙、a-6-3 は Word 形式も収録しているので、文字が入力できます（お持ちのフォントをご使用ください）。もちろんそのままプリントアウトして手書きで記入しても OK です。

A 学級開き
THE BEGINNING OF CLASS

7 日直

日直① ▶▶ a-7-1

日直② ▶▶ a-7-2

データについて

* a-7-1、a-7-2 は Word 形式も収録しているので、文字が入力できます（お持ちのフォントをご使用ください）。もちろんそのままプリントアウトして手書きで記入しても OK です。

8 朝の会・帰りの会

A 学級開き THE BEGINNING OF CLASS

朝の会・帰りの会①　▶▶ a-8-1

朝の会・帰りの会②　▶▶ a-8-2

データについて

＊ a-8-1、a-8-2 は Word 形式も収録しているので、文字が入力できます（お持ちのフォントをご使用ください）。もちろんそのままプリントアウトして手書きで記入しても OK です。

9 かかり活動

体験学習や
総合学習でも使えます！

かかり活動① ▶▶ a-9-1

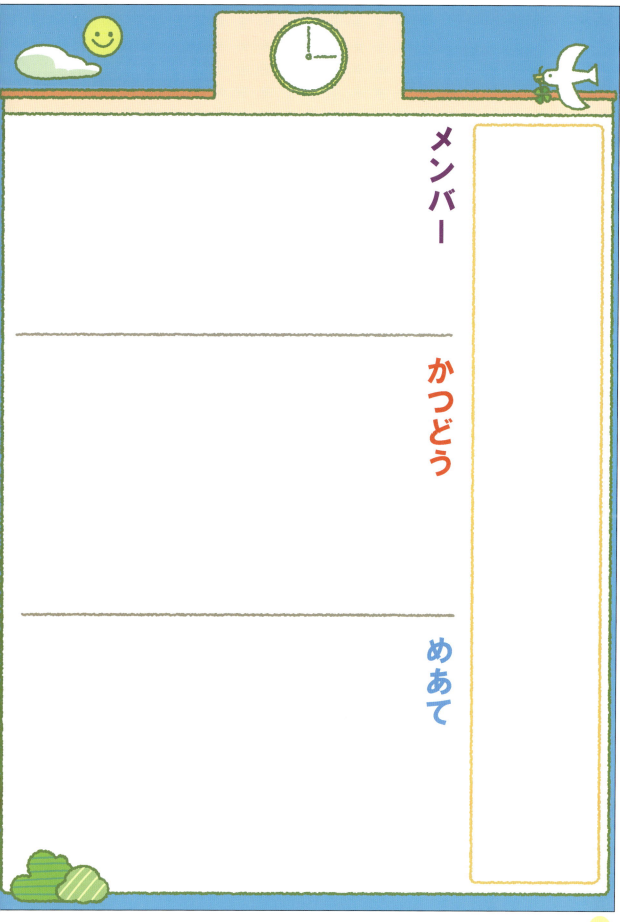

⑩ マナーポスター

マナーポスター①　▶▶ a-10-1

マナーポスター②　▶▶ a-10-2

A 学級開き ⑩ マナーポスター

マナーポスター④ ▶▶ a-10-4

マナーポスター③ ▶▶ a-10-3

A 学級開き
THE BEGINNING OF CLASS

11 カレンダー

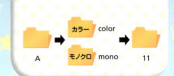

1か月

カレンダー①　▶▶ a-11-1

カレンダー②　▶▶ a-11-2

月のスケジュール

日にち	曜日		日にち	曜日	
1			16		
2			17		
3			18		
4			19		
5			20		
6			21		
7			22		
8			23		
9			24		
10			25		
11			26		
12			27		
13			28		
14			29		
15			30		
			31		

カレンダー③　a-11-3

カレンダー④　▶▶ a-11-4

年間スケジュール

月	
1月	
2月	
3月	
4月	
5月	
6月	
7月	
8月	
9月	
10月	
11月	
12月	

賞状・配付物

CERTIFICATE OF MERIT, HANDOUT

B 賞状・配付物
CERTIFICATE OF MERIT, HANDOUT

① メダル

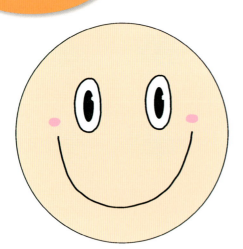

メダル①　▶▶ b-1-1-1

メダル②　▶▶ b-1-1-2

メダル③　▶▶ b-1-1-3

メダル④　▶▶ b-1-1-4

メダル⑤　▶▶ b-1-1-5

メダル⑥　▶▶ b-1-1-6

B 賞状・配付物
CERTIFICATE OF MERIT, HANDOUT

❷ 賞 状

すべて無地タイプも あります！

賞状① ▶▶ b-2-1

モノクロ版では ぬり絵をさせる こともできます！

賞状② ▶▶ b-2-2

賞状③ ▶▶ b-2-3

賞状④ ▶▶ b-2-4

データについて

＊30〜33ページの b-2-1〜b-2-8 は Word 形式も収録しているので、文字が入力できます（お持ちのフォントをご使用ください）。もちろんそのままプリントアウトして手書きで記入しても OK です。

かんしゃじょう

ねん　くみ　　　　　さん

を
してくれて、どうもありがとうございます。
これからも、がんばってくださいね。

より

賞状⑤　▶▶ b-2-5

賞

年　組　　　　　さん
あなたは、　　　　　を
大変よくがんばりましたので、
栄誉をたたえ、賞状をおくります。
年　月　日
担任

賞状⑥　▶▶ b-2-6

証

年　組　　　　　さん

賞状⑦　▶▶ b-2-7

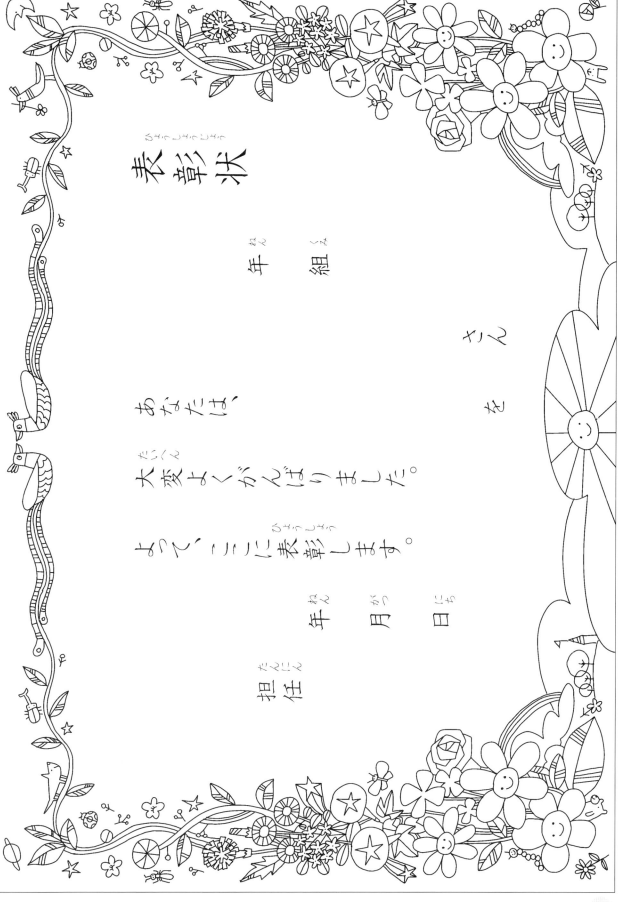

賞状・配付物 B / CERTIFICATE OF MERIT, HANDOUT

3 保護者向けおたより

文面は自由にアレンジして活用してください！

保護者向けおたより① ▶▶ b-3-1

すべて無地タイプもあり、便箋としても活用できます！

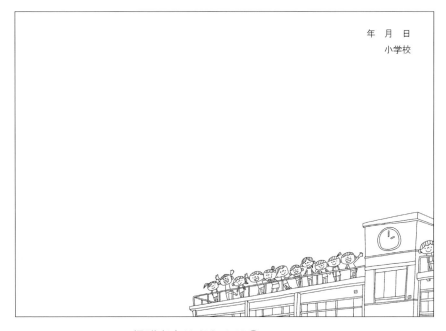

保護者向けおたより② ▶▶ b-3-2

保護者向けおたより③　▶▶ b-3-3

保護者向けおたより④　▶▶ b-3-4

保護者向けおたより⑤　▶▶ b-3-5

B 賞状・配付物

❸ 保護者向けおたより

データについて

* 34 ～ 35 ページの b-3-1 ～ b-3-5 は Word 形式も収録しているので、文字が入力できます（お持ちのフォントをご使用ください）。もちろんそのままプリントアウトして手書きで記入しても OK です。

4 休んだ子への連絡カード

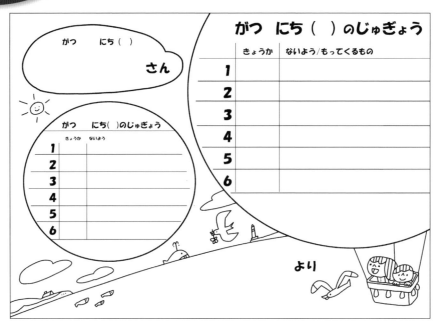

休んだ子への連絡カード① ▶▶ b-4-1

学級日誌としても使えます！

休んだ子への連絡カード② ▶▶ b-4-2

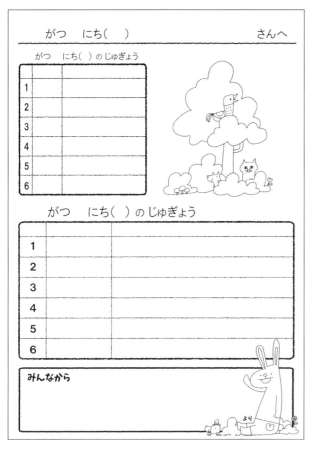

休んだ子への連絡カード③ ▶▶ b-4-3

休んだ子への連絡カード④ ▶▶ b-4-4

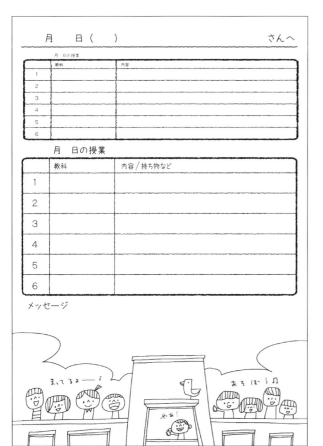

休んだ子への連絡カード⑤ ▶▶ b-4-5

休んだ子への連絡カード⑥ ▶▶ b-4-6

___がつ　　にち(　)のじゅぎょう

	きょうか	ないよう
1		
2		
3		
4		
5		
6		

___がつ　　にち(　)

___さんへ

___がつ　　にち(　)のじゅぎょう

	きょうか	ないよう/もってくるもの
1		
2		
3		
4		
5		
6		

みんなから

せんせいから

休んだ子への連絡カード⑦　▶▶ b-4-7

学級活動

CLASS ACTIVITY

C 学級活動 CLASS ACTIVITY

1 ネームカード

すべてのネームカードに1つずつのデータもあります！

俳句の短冊にも使えます！

ネームカード① ▶▶ c-1-1

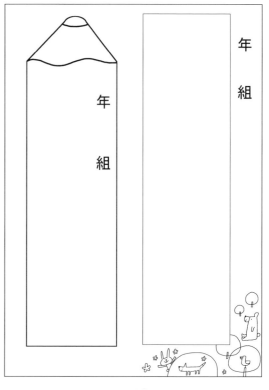

ネームカード② ▶▶ c-1-2

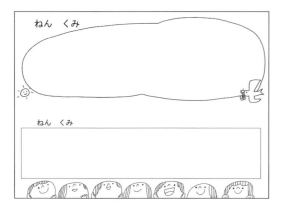

ネームカード③ ▶▶ c-1-3

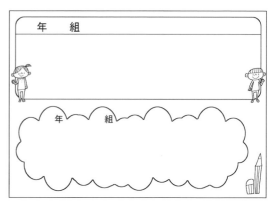

ネームカード④ ▶▶ c-1-4

のりしろありは67ページに！

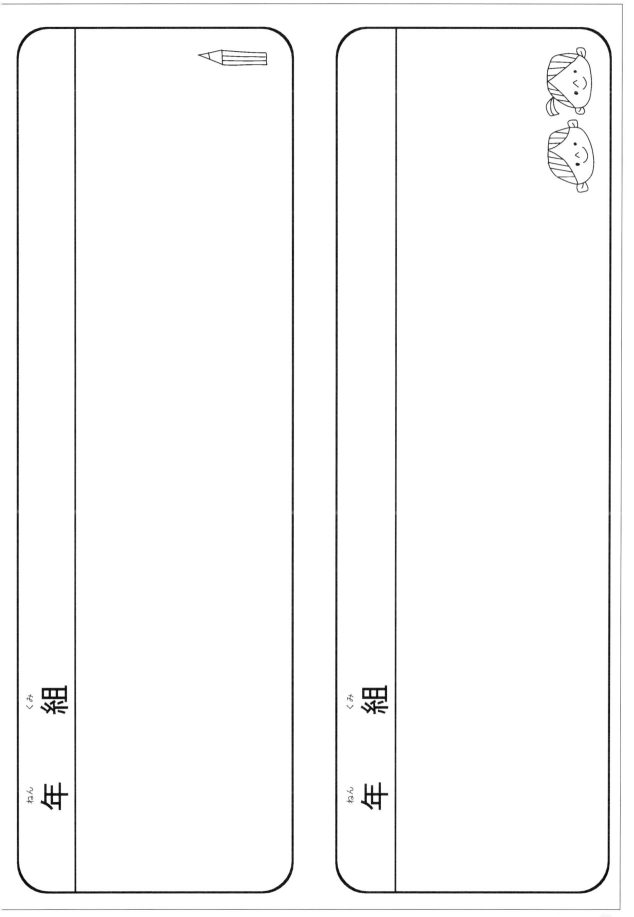

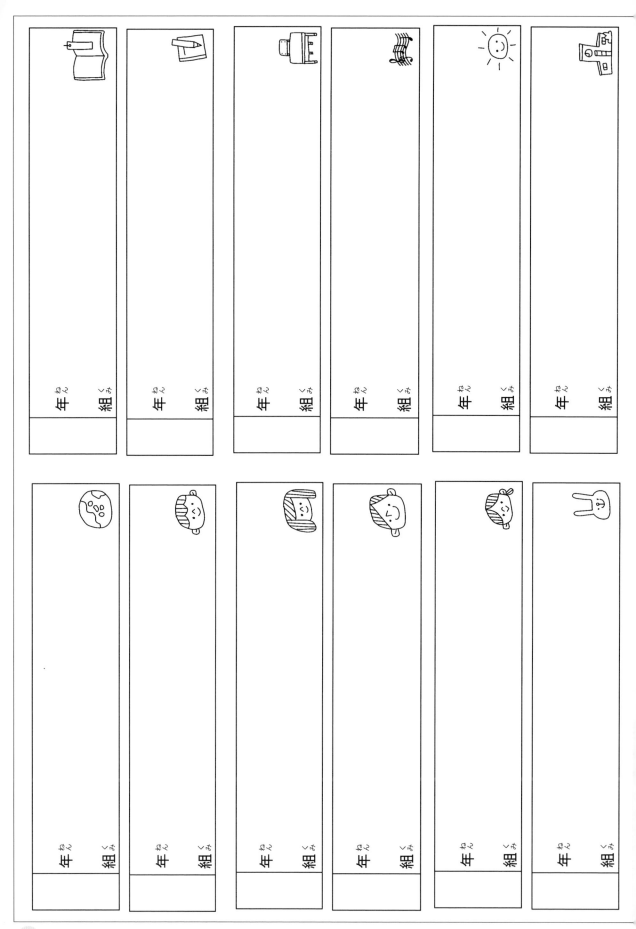

年 ねん

組 くみ

年 ねん

組 くみ

年 ねん

組 くみ

年 ねん

組 くみ

年 ねん

組 くみ

年 ねん

組 くみ

年 ねん

組 くみ

年 ねん

組 くみ

ネームカード⑦　▶▶ C-1-7

学級活動 CLASS ACTIVITY

② 自己紹介カード

自己紹介カード① ▶▶ c-2-1

自己紹介カード② ▶▶ c-2-2

自己紹介カード③ ▶▶ c-2-3

自己紹介カード④

はじめまして　　　　　　　　です。

自己紹介カード⑤

はじめまして　　　　　　　　です！

- すきなこと
- すきなきょうか
- すきなあそび

・たんじょうび　　月　　日
・ひとこと

自己紹介カード⑥

ねん　くみ　なまえ

・すきなこと

・すきなたべもの

・すきなあそび

・とくぎ

・ひとこと

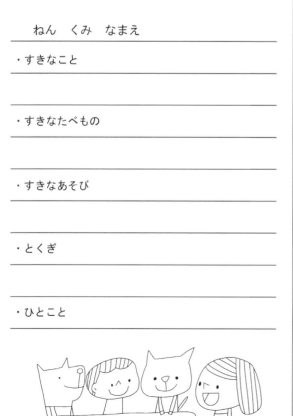

自己紹介カード⑦

年　組　名前

・好きなこと

・好きな食べ物

・好きな遊び

・特技

・その他

C 学級活動 CLASS ACTIVITY

❸ ほめるカード

ほめるカード① ▶▶ c-3-1

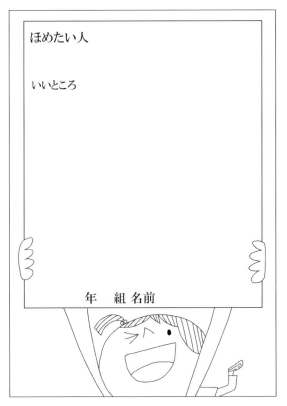

ほめるカード② ▶▶ c-3-2

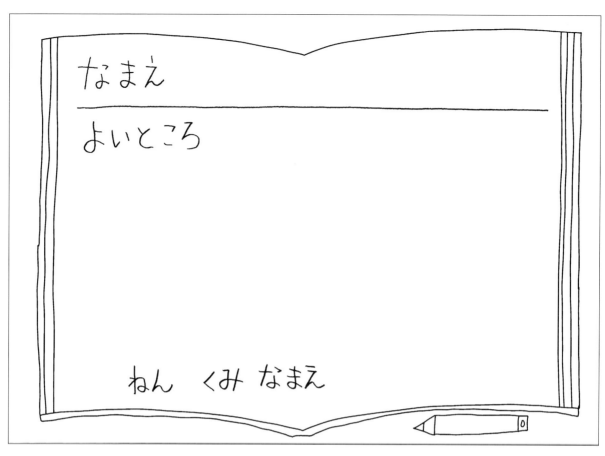

ほめるカード③　c-3-3

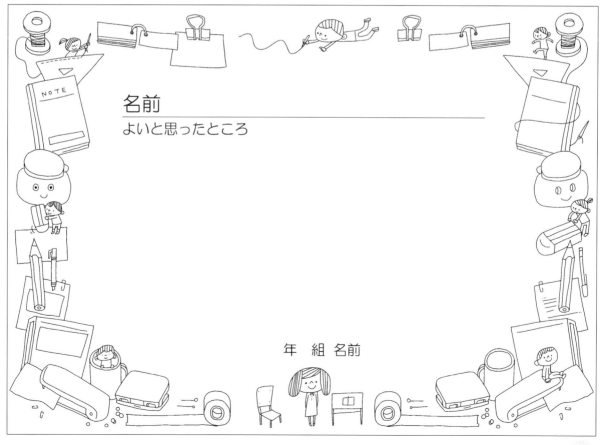

ほめるカード④　c-3-4

学級活動 CLASS ACTIVITY

4 チェックカード

チェックカード　年　組／名前

月	火	水	木	金	土

このあたりには感想が書けます！

チェックカード① ▶▶ c-4-1

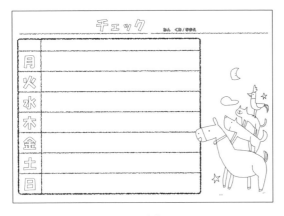

チェックカード② ▶▶ c-4-2

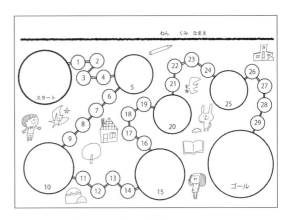

チェックカード③ ▶▶ c-4-3

チェック

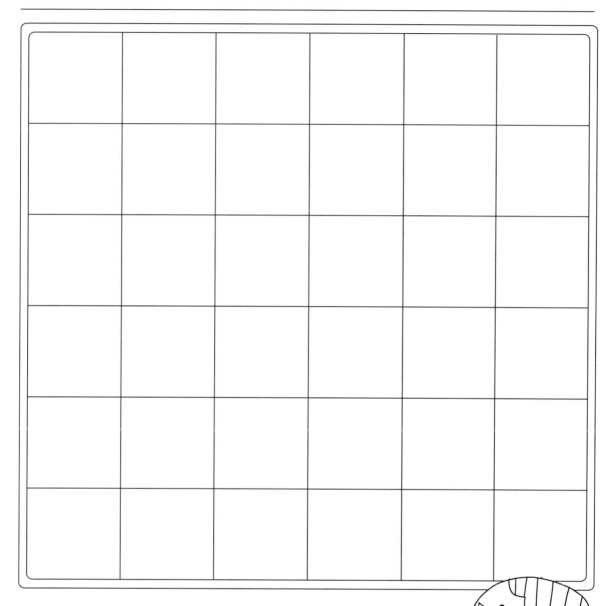

ねん　くみ　なまえ

学級活動 CLASS ACTIVITY

⑤ メッセージカード

各行事の招待状
などにも
使えます！

メッセージカード① ▶▶ c-5-1

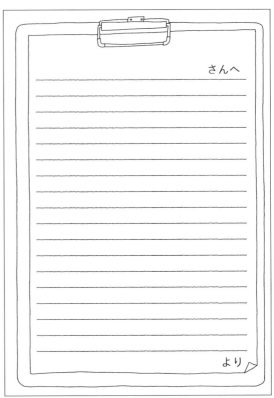

メッセージカード② ▶▶ c-5-2

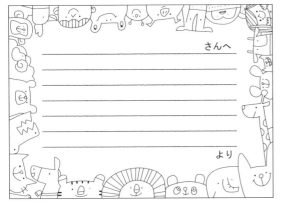

メッセージカード③ ▶▶ c-5-3

メッセージカード④ ▶▶ c-5-4

メッセージカード⑤ ▶▶ c-5-5

メッセージカード⑥ ▶▶ c-5-6

メッセージカード⑦ ▶▶ c-5-7

メッセージカード⑧ ▶▶ c-5-8

メッセージカード⑨ ▶▶ c-5-9

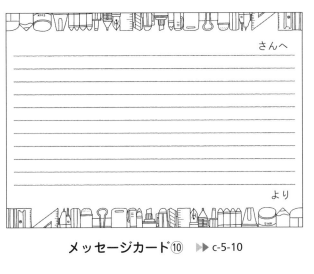

メッセージカード⑩ ▶▶ c-5-10

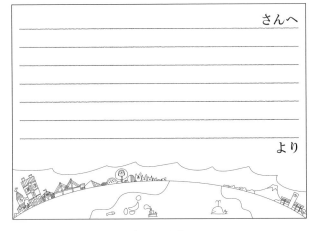

メッセージカード⑪ ▶▶ c-5-11

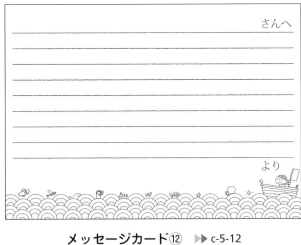

メッセージカード⑫ ▶▶ c-5-12

メッセージカード⑬ ▶▶ c-5-13

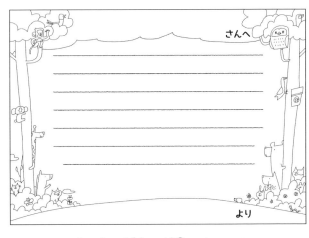

メッセージカード⑭ ▶▶ c-5-14

メッセージカード⑮　▶▶ C-5-15

メッセージカード⑯　▶▶ C-5-16

学級活動 ⑥ 便箋
CLASS ACTIVITY

行の数で
低・中・高学年と
使い分けできます！

便箋① ▶▶ c-6-1

便箋② ▶▶ c-6-2

便箋③ ▶▶ c-6-3

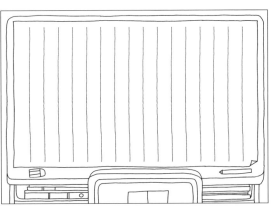

便箋④ ▶▶ c-6-4

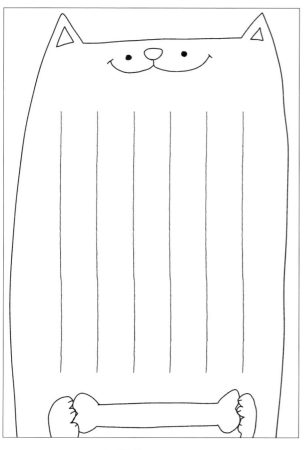

便笺⑤ ▶▶ c-6-5

便笺⑥ ▶▶ c-6-6

便笺⑦ ▶▶ c-6-7

便笺⑧ ▶▶ c-6-8

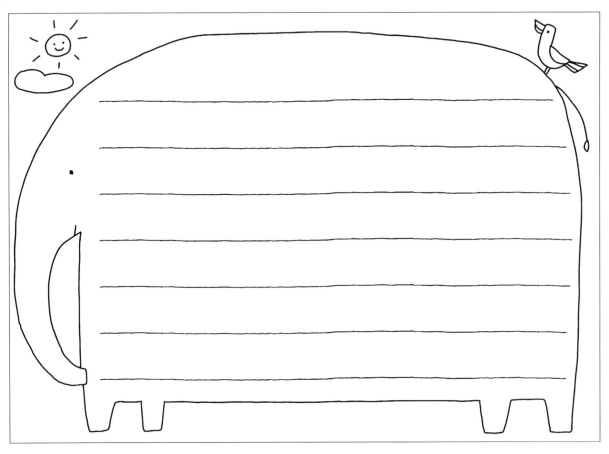

便笺⑨　▶▶ c-6-9

便笺⑩　▶▶ c-6-10

学級活動 CLASS ACTIVITY 7 誕生日カード

誕生日カード① ▶▶ c-7-1

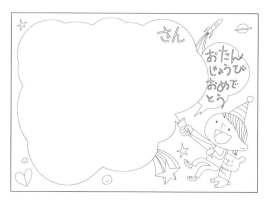

誕生日カード② ▶▶ c-7-2

誕生日カード③ ▶▶ c-7-3

誕生日カード④ ▶▶ c-7-4

D

学習カード

LEARNING CARD

学習カード ▶▶ d-0-1

D 学習カード LEARNING CARD

1 読書カード

D → カラー color / モノクロ mono → 1

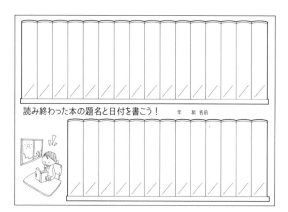

読書カード① ▶▶ d-1-1

読書カード③ ▶▶ d-1-3

いろいろなタイプを子どもに合わせて使ってください！

読書カード② ▶▶ d-1-2

読書カード④ ▶▶ d-1-4

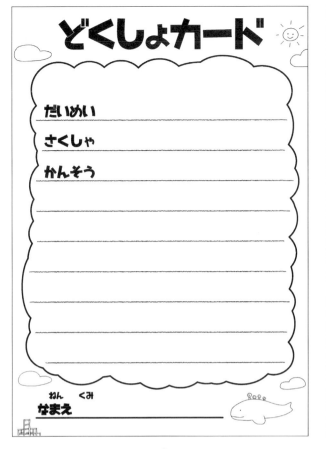

読書カード⑤　▶▶ d-1-5

読書カード⑥　▶▶ d-1-6

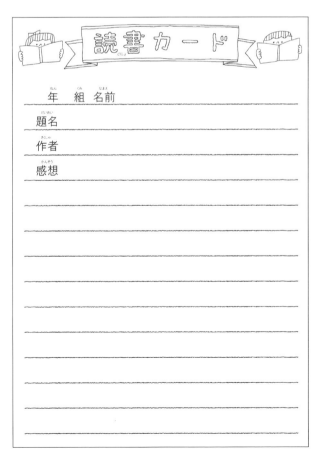

読書カード⑦　▶▶ d-1-7

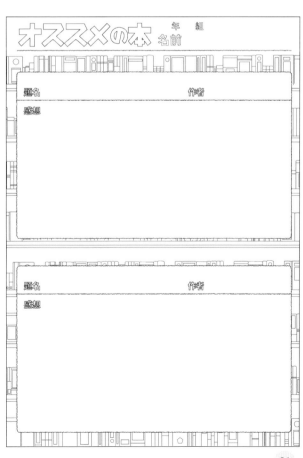

読書カード⑧　▶▶ d-1-8

D 学習カード 2 音読カード

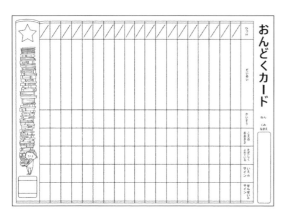

音読カード① ▶▶ d-2-1

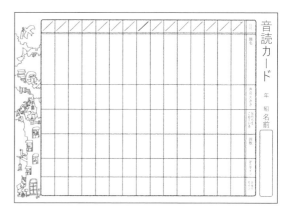

音読カード② ▶▶ d-2-2

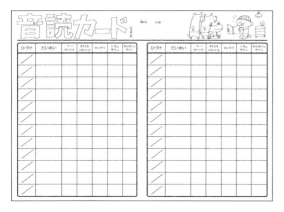

音読カード③ ▶▶ d-2-3

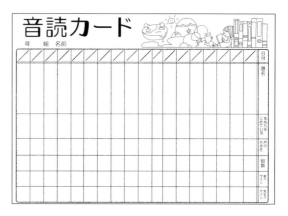

音読カード④ ▶▶ d-2-4

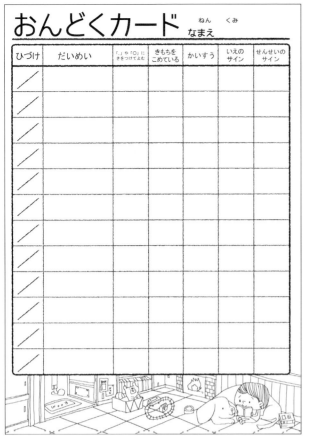

3 九九カード

九九カード① ▶▶ d-3-1

九九カード② ▶▶ d-3-2

4 発表カード 学習カード D
LEARNING CARD

多目的に使えます！

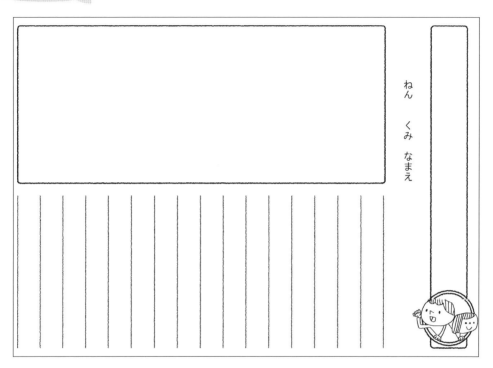

発表カード① ▶▶ d-4-1

発表カード② ▶▶ d-4-2

絵日記や読書感想文にも活用できます！

のりしろなしは41ページに！

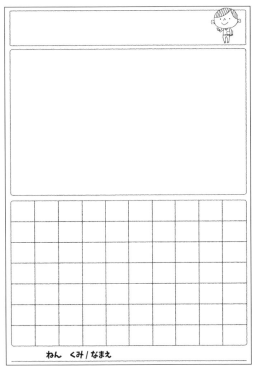

発表カード③　▶▶ d-4-3

発表カード④　▶▶ d-4-4

ねん　くみ　なまえ

発表カード⑤　▶▶ d-4-5

月　日（　）

年　組　名前

発表カード⑥　▶▶ d-4-6

年　組　名前

のりしろ

ねん　　くみ

なまえ

発表カード⑦　▶▶ d-4-7

のりしろ

ねん　　くみ　なまえ

発表カード⑧　▶▶ d-4-8

D 学習カード

5 観察カード

かんさつカード
がつ　にち　てんき（　）きおん

ねん　くみ　なまえ

観察カード① ▶▶ d-5-1

ひらがなタイプは低学年、漢字タイプは高学年で！

観察カード
月　日
天気
気温　℃

年　組　名前

観察カード② ▶▶ d-5-2

かんさつカード

ねん　くみ　なまえ

観察カード③　▶▶ d-5-3

月　日（　）天気　　気温　　℃ 場所

年　組 名前

観察カード④　▶▶ d-5-4

D 学習カード

5 観察カード

D 学習カード LEARNING CARD

6 なわとびカード

なわとびカード① ▶▶ d-6-1

なわとびカード② ▶▶ d-6-2

なわとびカード③ ▶▶ d-6-3

7 プールカード

プールカード ① ▶▶ d-7-1

厚めの紙に
印刷すると
破れにくいです！

プールカード ② ▶▶ d-7-2

D 学習カード LEARNING CARD　8 英語の誕生日カード

英語の誕生日カード①　▶▶ d-8-1

英語の誕生日カード②　▶▶ d-8-2

大きく印刷して教室に貼りましょう！

英語の誕生日カード③　▶▶ d-8-3

D 学習カード

8 英語の誕生日カード

9 休み中のがんばりカード

休み中のがんばりカード① ▶▶ d-9-1

生活科などでも使えます！

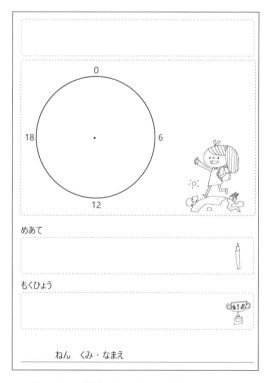

休み中のがんばりカード② ▶▶ d-9-2　　休み中のがんばりカード③ ▶▶ d-9-3

休み中のがんばりカード④ ▶▶ d-9-4

ひと言日記などにも
使えます！

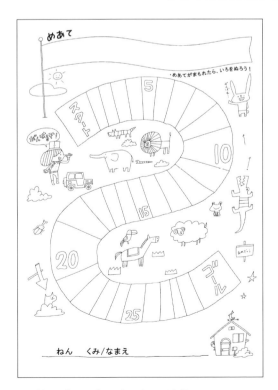

休み中のがんばりカード⑤ ▶▶ d-9-5

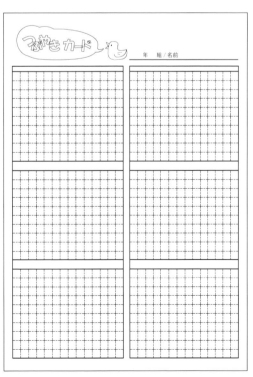

休み中のがんばりカード⑥ ▶▶ d-9-6

D 学習カード

9 休み中のがんばりカード

D 学習カード LEARNING CARD

10 遠足のしおり

もちもの

やくそく

おもいで

えんそくのしおり
もくてきち

月　日（　）
しゅうごうばしょ

ねん　くみ　なまえ

遠足のしおり① ▶▶ d-10-1

素材

MATERIAL

素材 ▶▶ e-0-1

素材 MATERIAL

❶ 見出し① 学年

学級だよりなどで活用できます！

学年① ▶▶ e-1-1

学年② ▶▶ e-1-2

学年③ ▶▶ e-1-3

学年④ ▶▶ e-1-4

学年⑤ ▶▶ e-1-5

学年⑥ ▶▶ e-1-6

学年⑦ ▶▶ e-1-7

学年⑧ ▶▶ e-1-8

学年⑨ ▶▶ e-1-9

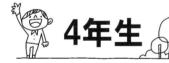
学年⑩ ▶▶ e-1-10

学年⑪ ▶▶ e-1-11

学年⑫ ▶▶ e-1-12

学年⑬
▶▶ e-1-13

学年⑭
▶▶ e-1-14

学年⑮
▶▶ e-1-15

学年⑯
▶▶ e-1-16

学年⑰
▶▶ e-1-17

学年⑱
▶▶ e-1-18

一年生	二年生	三年生
学年⑲ ▶▶ e-1-19	学年⑳ ▶▶ e-1-20	学年㉑ ▶▶ e-1-21

四年生	五年生	六年生
学年㉒ ▶▶ e-1-22	学年㉓ ▶▶ e-1-23	学年㉔ ▶▶ e-1-24

学年㉕	学年㉖	学年㉗	学年㉘	学年㉙	学年㉚
▶ e-1-25	▶ e-1-26	▶ e-1-27	▶ e-1-28	▶ e-1-29	▶ e-1-30

学年㉛	学年㉜	学年㉝	学年㉞	学年㉟	学年㊱
▶ e-1-31	▶ e-1-32	▶ e-1-33	▶ e-1-34	▶ e-1-35	▶ e-1-36

素材 MATERIAL

2 見出し② 月

 月①　▶▶ e-2-1
 月②　▶▶ e-2-2
 月③　▶▶ e-2-3
 月④　▶▶ e-2-4
 月⑤　▶▶ e-2-5
 月⑥　▶▶ e-2-6

 月⑦　▶▶ e-2-7
 月⑧　▶▶ e-2-8
 月⑨　▶▶ e-2-9
 月⑩　▶▶ e-2-10
 月⑪　▶▶ e-2-11
 月⑫　▶▶ e-2-12

 月⑬　▶▶ e-2-13
 月⑭　▶▶ e-2-14
 月⑮　▶▶ e-2-15
 月⑯　▶▶ e-2-16
 月⑰　▶▶ e-2-17
 月⑱　▶▶ e-2-18

 月⑲　▶▶ e-2-19
 月⑳　▶▶ e-2-20
 月㉑　▶▶ e-2-21
 月㉒　▶▶ e-2-22
 月㉓　▶▶ e-2-23
 月㉔　▶▶ e-2-24

季節の花です！

 月㉕　▶▶ e-2-25
 月㉖　▶▶ e-2-26
 月㉗　▶▶ e-2-27
 月㉘　▶▶ e-2-28
 月㉙　▶▶ e-2-29
 月㉚　▶▶ e-2-30

 月㉛　▶▶ e-2-31
 月㉜　▶▶ e-2-32
 月㉝　▶▶ e-2-33
 月㉞　▶▶ e-2-34
 月㉟　▶▶ e-2-35
 月㊱　▶▶ e-2-36

月㊲　　月㊳　　月㊴　　月㊵　　月㊶　　月㊷
▶ e-2-37　▶ e-2-38　▶ e-2-39　▶ e-2-40　▶ e-2-41　▶ e-2-42

月㊸　　月㊹　　月㊺　　月㊻　　月㊼　　月㊽
▶ e-2-43　▶ e-2-44　▶ e-2-45　▶ e-2-46　▶ e-2-47　▶ e-2-48

月㊾　　月㊿　　月51　　月52　　月53　　月54
▶ e-2-49　▶ e-2-50　▶ e-2-51　▶ e-2-52　▶ e-2-53　▶ e-2-54

月55　　月56　　月57　　月58　　月59　　月60
▶ e-2-55　▶ e-2-56　▶ e-2-57　▶ e-2-58　▶ e-2-59　▶ e-2-60

3 見出し③ 教科

教科①　▶▶ e-3-1

教科②　▶▶ e-3-2

教科③　▶▶ e-3-3

教科④　▶▶ e-3-4

教科⑤　▶▶ e-3-5

教科⑥　▶▶ e-3-6

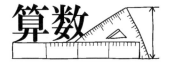
教科⑦　▶▶ e-3-7

教科⑧　▶▶ e-3-8

教科⑨　▶▶ e-3-9

教科⑩　▶▶ e-3-10

教科⑪　▶▶ e-3-11

教科⑫　▶▶ e-3-12

教科⑬　▶▶ e-3-13

教科⑭　▶▶ e-3-14

教科⑮　▶▶ e-3-15

教科⑯　▶▶ e-3-16

教科⑰　▶▶ e-3-17

教科⑱　▶▶ e-3-18

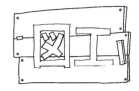
教科⑲　▶▶ e-3-19

教科⑳　▶▶ e-3-20

教科㉑　▶▶ e-3-21

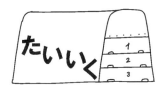
教科㉒ ▶▶ e-3-22

教科㉓ ▶▶ e-3-23

教科㉔ ▶▶ e-3-24

教科㉕ ▶▶ e-3-25

教科㉖ ▶▶ e-3-26

教科㉗ ▶▶ e-3-27

教科㉘ ▶▶ e-3-28

教科㉙ ▶▶ e-3-29

教科㉚ ▶▶ e-3-30

教科㉛ ▶▶ e-3-31

教科㉜ ▶▶ e-3-32

教科㉝ ▶▶ e-3-33

教科㉞ ▶▶ e-3-34

教科㉟ ▶▶ e-3-35

教科㊱ ▶▶ e-3-36

教科㊲ ▶▶ e-3-37

教科㊳ ▶▶ e-3-38

教科㊴ ▶▶ e-3-39

教科㊵ ▶▶ e-3-40

教科㊶ ▶▶ e-3-41

E 素材 ③ 見出し ③ 教科

素材 MATERIAL

④ 見出し④ 行事

行事① ▶▶ e-4-1

行事② ▶▶ e-4-2

行事③ ▶▶ e-4-3

行事④ ▶▶ e-4-4

行事⑤ ▶▶ e-4-5

行事⑥ ▶▶ e-4-6

行事⑦ ▶▶ e-4-7

行事⑧ ▶▶ e-4-8

行事⑨ ▶▶ e-4-9

行事⑩ ▶▶ e-4-10

行事⑪ ▶▶ e-4-11

行事⑫ ▶▶ e-4-12

行事⑬ ▶▶ e-4-13

行事⑭ ▶▶ e-4-14

行事⑮ ▶▶ e-4-15

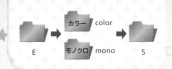

5 飾り囲み

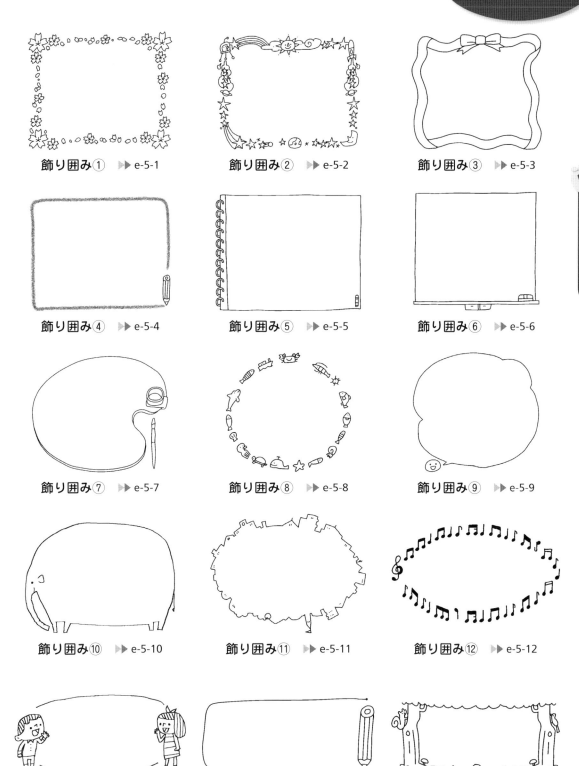

素材 MATERIAL

6 飾り罫線

飾り罫線① ▶▶ e-6-1

飾り罫線② ▶▶ e-6-2

飾り罫線③ ▶▶ e-6-3

飾り罫線④ ▶▶ e-6-4

飾り罫線⑤ ▶▶ e-6-5

飾り罫線⑥ ▶▶ e-6-6

飾り罫線⑦ ▶▶ e-6-7

飾り罫線⑧ ▶▶ e-6-8

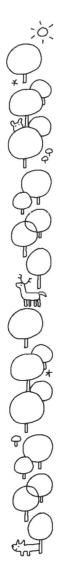

飾り罫線⑨
▶▶ e-6-9

飾り罫線⑩
▶▶ e-6-10

飾り罫線⑪
▶▶ e-6-11

飾り罫線⑫
▶▶ e-6-12

飾り罫線⑬
▶▶ e-6-13

素材 MATERIAL

7 オリジナルフォント

オリジナルフォント①
▶▶ e-7-1

オリジナルフォント②
▶▶ e-7-2

オリジナルフォント③
▶▶ e-7-3

オリジナルフォント④
▶▶ e-7-4

オリジナルフォント⑤
▶▶ e-7-5

オリジナルフォント⑥
▶▶ e-7-6

オリジナルフォント⑦
▶▶ e-7-7

オリジナルフォント⑧
▶▶ e-7-8

オリジナルフォント⑨
▶▶ e-7-9

オリジナルフォント⑩
▶▶ e-7-10

オリジナルフォント⑪
▶▶ e-7-11

オリジナルフォント⑫
▶▶ e-7-12

オリジナルフォント⑬
▶▶ e-7-13

オリジナルフォント⑭
▶▶ e-7-14

オリジナルフォント⑮
▶▶ e-7-15

オリジナルフォント⑯
▶▶ e-7-16

オリジナルフォント⑰
▶▶ e-7-17

オリジナルフォント⑱
▶▶ e-7-18

オリジナルフォント⑲
▶ e-7-19

オリジナルフォント⑳
▶ e-7-20

オリジナルフォント㉑
▶ e-7-21

オリジナルフォント㉒
e-7-22

オリジナルフォント㉓
▶ e-7-23

オリジナルフォント㉔
▶ e-7-24

オリジナルフォント㉕
▶▶ e-7-25

オリジナルフォント㉖
▶▶ e-7-26

オリジナルフォント㉗
▶▶ e-7-27

オリジナルフォント㉘
▶▶ e-7-28

オリジナルフォント㉙
▶▶ e-7-29

オリジナルフォント㉚
▶▶ e-7-30

オリジナルフォント㉛
▶▶ e-7-31

オリジナルフォント㉜
▶▶ e-7-32

オリジナルフォント㉝
▶▶ e-7-33

オリジナルフォント㉞
▶▶ e-7-34

オリジナルフォント㉟
▶▶ e-7-35

オリジナルフォント㊱
▶▶ e-7-36

DVD-ROMを使用する前に

付属DVD-ROMには、本書で紹介した
テンプレートや素材が入っています。
使用する前に、下記の「収録データについて」
「ご利用上の注意」「DVD-ROMの構成」および
巻末（P.96）の「DVD-ROMのご利用に際して」を
必ずお読みください。

収録データについて

　付属DVD-ROMに収録されているデータには、PNG形式・Word形式の2種類があります。
「PNG」は背景が透明になっているデータ形式のことです。他のイラストや文字との組み合わせに便利です。P.5〜88に掲載されているテンプレートや素材の画像データはカラー・モノクロともにPNG形式で収録されています。「時間割」や「座席表」など、一部のテンプレートはWord形式も収録しています。収録されているテンプレートは「Microsoft Office Word」で作成し、「Word97-2003文書」の形式で保存してあります。
　お使いのOSやアプリケーションのバージョンによってはレイアウトが崩れる場合がありますので、予めご了承ください。

※Wordは、米国Microsoft Corporationの登録商標です。

ご利用上の注意

★ イラストについて

　付属DVD-ROMに収録されている画像データの解像度は350dpiです。画像データは、200％以上に拡大すると、画像が荒れてイラストの線がギザギザに見える場合がありますので、ご了承ください。

　カラーのテンプレートや素材は、パソコンの環境やプリンタの設定等で、印刷した色調が本書に掲載している色調と多少異なることがあります。

　ソフトウェアによってはイラストの解像度情報を読み込まないものもあるため、文書に挿入した際に極端なサイズ違いで表示されることもあります。

★ 動作環境

　DVD-ROMドライブを内蔵または外付けしており、PNG形式の画像データおよびMicrosoft社の「Word97-2003文書」が問題なく動作しているパソコンでご使用いただけます。なお、処理速度が遅いパソコンでは動作に時間がかかる場合もありますので、ご注意ください。

★ 使用許諾範囲について

　付属DVD-ROMに収録されているデータ等の著作権は、イクタケマコトに帰属し、お客様に譲渡されることはありません。また、付属DVD-ROMに含まれる知的財産権もイクタケマコトに帰属し、お客様に譲渡されることはありません。

　本書および付属DVD-ROMに収録されたデータは、無断で商業目的に使用することはできません。購入された個人または法人・団体が営利目的ではない私的な目的（学校内や自宅などでの利用）の場合のみ、本書および付属DVD-ROMを用いて印刷物を作成することができます。

※ご使用の際に、クレジット表記や使用申請書提出の必要はありません。

DVD-ROMの構成

付属DVD-ROMのデータは、本書と同じカテゴリで収録しています。収録フォルダは各ページ上部に掲載しています。

TEMPLATE

A　学級開き
- color
  - 0　章とびら
  - 1　時間割
  - 2　生活目標
  - 3　めあて
  - 4　座席表
  - 5　給食当番表
  - 6　掃除当番表
  - 7　日直
  - 8　朝の会・帰りの会
  - 9　かかり活動
  - 10　マナーポスター
  - 11　カレンダー
- mono

B　賞状・配付物
- color
  - 0　章とびら
  - 1　メダル
  - 2　賞状
  - 3　保護者向けおたより
  - 4　休んだ子への連絡カード
- mono

C　学級活動
- color
  - 0　章とびら
  - 1　ネームカード
  - 2　自己紹介カード
  - 3　ほめるカード
  - 4　チェックカード
  - 5　メッセージカード
  - 6　便箋
  - 7　誕生日カード
- mono

D　学習カード
- color
  - 0　章とびら
  - 1　読書カード
  - 2　音読カード
  - 3　九九カード
  - 4　発表カード
  - 5　観察カード
  - 6　なわとびカード
  - 7　プールカード
  - 8　英語の誕生日カード
  - 9　休み中のがんばりカード
  - 10　遠足のしおり
- mono

E　素材
- color
  - 0　章とびら
  - 1　見出し①　学年
  - 2　見出し②　月
  - 3　見出し③　教科
  - 4　見出し④　行事
  - 5　飾り囲み
  - 6　飾り罫線
  - 7　オリジナルフォント
- mono

- カラー版のファイル名は末尾に「c」(Wordファイルの場合は「wc」)が付いています。
- モノクロ版のファイル名は末尾に「m」(Wordファイルの場合は「wm」)が付いています。
- A章とB章のフォルダ内の一部には、Word形式のデータも収録されています。

DVD-ROMの開き方

付属DVD-ROMから使いたいテンプレートを開く手順を簡単に説明します。
ここでは、Windows 7を使った手順を紹介します。

※お使いのパソコンの動作環境によっては操作の流れや画面表示が異なる場合があります。
予めご了承ください。

例として、「A章　学級開き」の「1　時間割」内にある「時間割①」（P.6）のモノクロ版のテンプレートを見つけてみましょう。

a-1-1

① パソコンにDVD-ROMをセットする

DVD-ROMが起動すると、右図のような画面が表示されます。「フォルダーを開いてファイルを表示」をクリックしてください。

② 「章」のフォルダを開く

右図のように、各章（A～E）のフォルダが表示されます。今回は使用するテンプレートが「A章」のフォルダの中にあるので、「A」を選択してダブルクリックします。

③ モノクロ版を選択する

A章のフォルダをダブルクリックすると、カラー(color)と白黒(mono)のフォルダが表示されます。今回はモノクロ版なので、「mono」のフォルダをダブルクリックします。

▲ 現在ディスクにあるファイル (4)
- color
- ☑ mono
- word color
- word mono

④ 項目ごとのフォルダを開く

右図のように、A章の中の項目ごとのフォルダの画面が表示されます。今回は「1　時間割」内にあるテンプレートなので、「1」をダブルクリックします。

▲ 現在ディスクにあるファイル (12)
- 0
- ☑ 1
- 2
- 3
- 4
- 5
- 6
- 7

⑤ 使いたいテンプレートを選ぶ

「1」のフォルダを開くと本書のP.6～8のテンプレートデータが入っています。使用するテンプレートは「a-1-1m.png」と表示されていますので、そのデータをフォルダ内から探し出しましょう。

▲ 現在ディスクにあるファイル (5)
- ☑ a-1-1m.png
- a-1-2m.png
- a-1-3m.png
- a-1-4m.png
- a-1-5m.png

データの活用法

ワープロソフトのMicrosoft Wordでテンプレートや素材を活用してみましょう。ここでは、Windows7にインストールしたMicrosoft Office Word 2010を使用した手順を紹介します。

※DVD-ROM内のデータを開く手順はP.92をご覧ください。

テンプレートを活用する

ここでは、Word形式で時間割①（P.6）を作成する方法を簡単に解説します。

① 文字を入力する

変更したい部分の文字を選択して、文字を書き換えます。

② 文字をデザインする

上部にあるツールバーでフォントの種類とサイズを変更できます。カラーバージョンを利用するときは、文字の色も変えるとよいでしょう。

色を選んでクリック

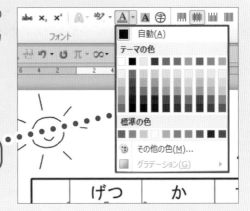

素材を活用する

1 Wordに素材を挿入する

メニューの「挿入」→「図」の順にクリックをして、「図の挿入」から使いたい素材を選び、Wordに貼り付けます。

2 挿入した素材を動かす

①で挿入した素材はそのままでは行内に固定されていて動かせません。挿入した素材の上で右クリックして出てくるメニューから「文字の折り返し」を選びます。一番上の「行内」以外のものを選んでクリックすると、素材を動かせるようになります。

3 素材と一緒に枠や文字を入れる

メニューの「挿入」→「図形」の順にクリックすると、様々な図形を出すことができます。例えば、「吹き出し」を選びクリックすると、右図のように吹き出しのかたちのテキストボックスが出ますので、活用してください。

※枠や色を消したいときは、テキストボックスの枠上で右クリックをすると出る「図形の書式設定」から変更してください。

大好評！イクタケマコトの本

『カンタンかわいい
小学校テンプレート&イラスト
CD-ROM付
――低・中・高学年すべて使える！』
（学陽書房）

本書もくじのイラストをはじめ
イクタケマコトが教師時代に
小学校の現場で実際に使っていた
かわいいイラストが満載。
本書と合わせてご活用ください！

■ 著者紹介

イクタケマコト

福岡県宮若市出身。教師生活を経てイラストレーターに転身。
教科書や教材のほか、広告などのイラストを手がける。
また、主夫として毎日の家事にも励んでいる。
現在、横浜市在住。

著書
『カンタンかわいい小学校テンプレート&イラスト
CD-ROM付』（学陽書房）
『中学・高校イラストカット集1200』（学事出版）
『主夫3年生』（彩図社）

制作実績
『たのしいせいかつ』『たのしいほけん』（大日本図書）
『ほけんイラストブック』（少年写真新聞社）他多数。

HP　http://ikutake.wixsite.com/makoto-ikutake
mail　neikonn@yahoo.co.jp

■ DVD-ROMのご利用に際して

ご利用の際は、P.89の「DVD-ROMを使用する前に」を
お読みいただき、内容にご同意いただいた上でご利用ください。

＊本書収録内容および付属DVD-ROMに収録されている
データ等の内容は、著作権法上、その一部または全部を、
無断で複製・コピー、第三者への譲渡、インターネット
などで頒布すること、無断で商業目的に使用することは
できません。

> ただし、図書館およびそれに準ずる施設での閲覧・館
> 外貸し出しは可能です。その場合も、上記利用条件の
> 範囲内での利用となります。

＊本書付属DVD-ROMの使用によって生じたいかなる結果
にも、学陽書房およびイクタケマコトは責任を負いません。

1年中使えてカンタン便利！
小学校 学級経営 いろいろテンプレート
DVD-ROM付

2017年 3月22日　初版発行
2021年 1月15日　7刷発行

著　者　イクタケマコト
発行者　佐久間重嘉
発行所　学陽書房
　　　　〒102-0072　東京都千代田区飯田橋1-9-3
　　　　営業部　TEL 03-3261-1111　FAX 03-5211-3300
　　　　編集部　TEL 03-3261-1112
　　　　http://www.gakuyo.co.jp/

デザイン　佐藤明日香（スタジオダンク）
印　刷　加藤文明社
製　本　東京美術紙工

©Makoto Ikutake 2017, Printed in Japan
ISBN978-4-313-65332-0 C0037

乱丁・落丁本は、送料小社負担にてお取替えいたします。
定価はカバーに表示してあります。